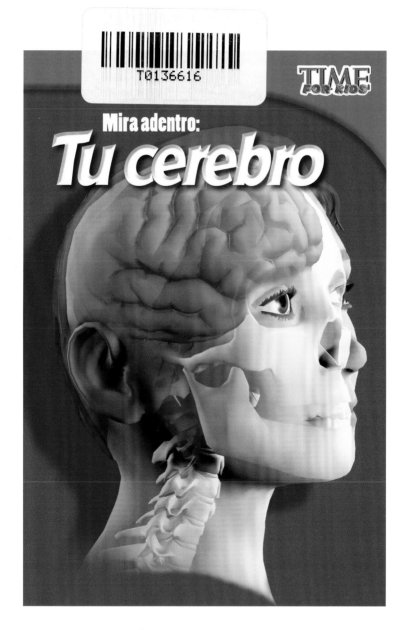

TIME
FOR KIDS

Mira adentro:
Tu cerebro

Ben Williams

Asesor

Timothy Rasinski, Ph.D.
Kent State University

Créditos

Dona Herweck Rice, *Gerente de redacción*
Robin Erickson, *Directora de diseño y producción*
Lee Aucoin, *Directora creativa*
Conni Medina, M.A.Ed., *Directora editorial*
Ericka Paz, *Editora asistente*
Stephanie Reid, *Editora de fotos*
Rachelle Cracchiolo, M.S.Ed., *Editora comercial*

Basado en los escritos de *TIME For Kids*.

TIME For Kids y el logotipo de *TIME For Kids* son marcas registradas de TIME Inc.
Usado bajo licencia.

Teacher Created Materials

5301 Oceanus Drive
Huntington Beach, CA 92649-1030
http://www.tcmpub.com

ISBN 978-1-4333-4455-8
© 2012 Teacher Created Materials, Inc.
Printed in China WAI002

Tabla de contenido

La computadora más rápida del mundo

Existe una computadora sorprendente. Es más rápida que cualquier otra computadora en el mundo. Entiende el lenguaje. Puede generar ideas nuevas. Puede hacer planes. Es capaz de controlar un complejo sistema y hacer muchas cosas al mismo tiempo sin apagarse.

De hecho, es una computadora que se mejora cada vez que se usa.

¿Qué computadora sorprendente es ésta? ¡Tu cerebro!

¡Súpercerebro!

¿Qué tan rápido es tu cerebro? Algunas personas aseguran que puede procesar diez mil billones de instrucciones por segundo. Es decir, ¡10,000,000,000,000,000 de instrucciones!

¿Qué es el cerebro?

La mayoría de los animales tienen cerebro. Sin embargo, tu cerebro, el cerebro humano, es el más sorprendente de todos. Es más grande y complejo que los demás cerebros.

El cerebro humano está dentro del **cráneo**, en la parte superior y posterior de la cabeza. Tiene el tamaño y la forma de una coliflor pequeña.

El cerebro es muy importante. Por eso está protegido por los duros huesos del cráneo.

Cerebros de animales

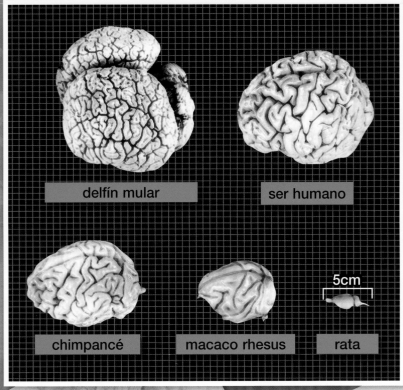

delfín mular

ser humano

chimpancé

macaco rhesus

5cm

rata

Tócate la punta de la nariz con un dedo. Aplaude. Canta una canción. Puedes hacer todo esto porque el cerebro le dice a tu cuerpo lo que debe hacer.

El cerebro siempre trabaja. Es
como el jefe, y las partes del cuerpo
son los trabajadores. Tú sólo tienes que
pensar algo, y el cerebro ordena a los
trabajadores que lo hagan.

Por ejemplo, si quieres correr, el cerebro piensa "corre," y las piernas y los pies obedecen.

Si quieres comer, el cerebro envía un mensaje a las partes necesarias del cuerpo. Sin pensarlo más, ya estás comiendo.

El cerebro es tan sorprendente que incluso puede lograr que el cuerpo haga cosas sin que tengas que pensar en ellas. Respiras sin pensar. El corazón late sin que tengas que pensar en ello. El cuerpo se mantiene a la temperatura correcta. Estas son sólo algunas de las cosas de las que se encarga el cerebro.

¿Quién está al mando?

Puedes pensar en respirar y luego hacerlo, pero no es necesario. El cerebro te mantendrá respirando sin que tengas que pensar en ello.

Cómo funciona el cerebro

El cerebro es parte del **sistema nervioso**. Funciona en colaboración con la **médula espinal** y los **nervios**. Juntos controlan, equilibran y mantienen en orden el cuerpo, la mente y las emociones.

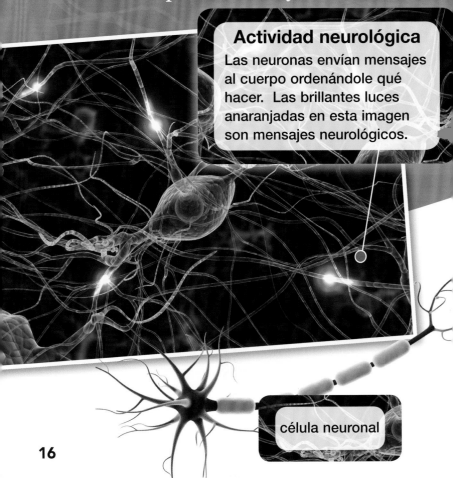

Actividad neurológica

Las neuronas envían mensajes al cuerpo ordenándole qué hacer. Las brillantes luces anaranjadas en esta imagen son mensajes neurológicos.

célula neuronal

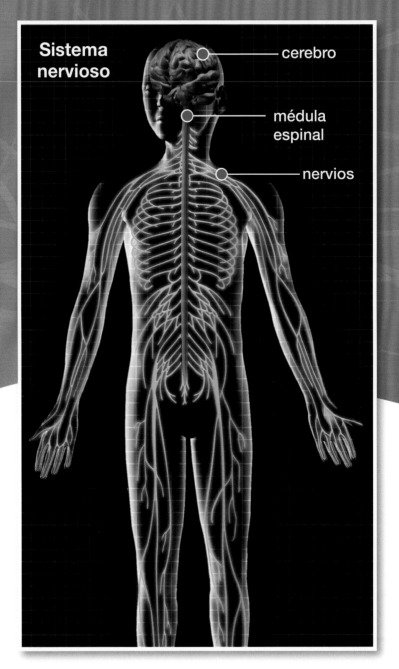

Sistema nervioso

cerebro

médula espinal

nervios

El cerebro recibe información de lo que ocurre fuera del cuerpo. Luego envía la información por el cuerpo, a través del sistema nervioso.

El cerebro utiliza cinco sentidos para recibir información: vista, oído, tacto, olfato y gusto.

Cuando usas los sentidos, estás utilizando el cerebro.

El cerebro utiliza **neuronas** para enviar información. Las neuronas son células nerviosas. Están en todo el cuerpo y se envían mensajes.

Una neurona tiene tres partes: **cuerpo celular** o soma, **axón** y **terminales nerviosas** o dendritas.

Neuronas

Hay neuronas de distintos tamaños. El axón de una neurona puede extenderse desde la punta del dedo por todo el brazo. En cambio, las neuronas del cerebro pueden ser más cortas que la pestaña más pequeña.

terminal nerviosa

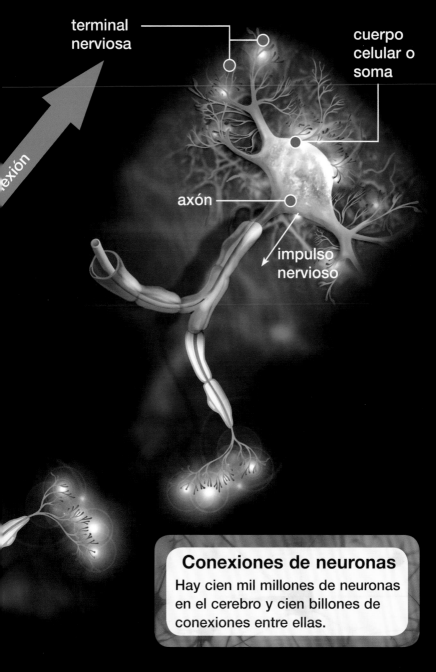

terminal
nerviosa

cuerpo
celular o
soma

nexión

axón

impulso
nervioso

Conexiones de neuronas
Hay cien mil millones de neuronas
en el cerebro y cien billones de
conexiones entre ellas.

Partes del cerebro

El cerebro está formado por el **tronco encefálico**, el **cerebelo** y el **cerebro anterior**.

El tronco encefálico se encarga de las cosas que hacemos sin pensar, como respirar. También se hace cargo del movimiento de los brazos y piernas, la digestión de alimentos y la eliminación de desechos.

El cerebelo hace que las partes del cuerpo trabajen en conjunto y se mantengan en equilibrio.

El cerebro anterior controla la temperatura del cuerpo y nuestras emociones. Recopila la información que obtiene de los sentidos. Conserva nuestros recuerdos y nos permite pensar.

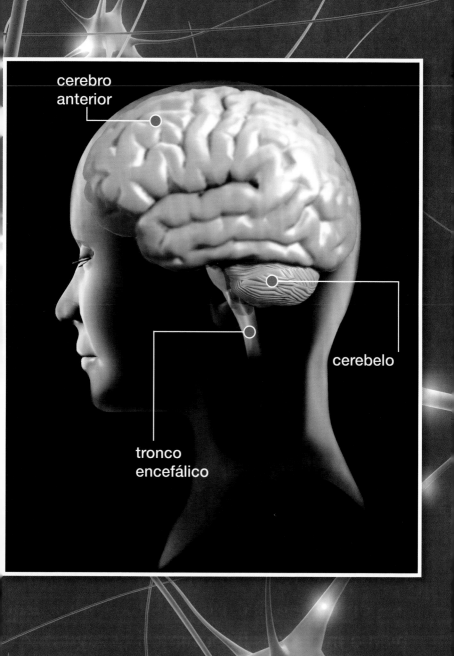

cerebro
anterior

cerebelo

tronco
encefálico

¡Piensa!

¿Alguna vez te han dicho que uses la cabeza? ¿Te han dicho, "Ponte las pilas"? Son dos maneras de referirse al cerebro. Lo que nos dicen es que pensemos.

Es importante utilizar el cerebro cuando queremos hacer algo. El cerebro nos dirá cómo hacerlo. Nos indicará si está bien o mal y nos informará si es seguro.

Si tienes dudas, ¡usa la cabeza! Te ayudará a encontrar la respuesta.

Un cerebro saludable

¿Cómo puedes mantener tu cerebro saludable? El cuerpo funciona mejor con buena alimentación y mucha agua. El ejercicio también es importante.

¿Cómo puedes ejercitar el cerebro?
¡Úsalo! Piensa cuando estés en la escuela
o jugando. Piensa cosas nuevas e inventa
nuevos juegos.

Al cerebro le gusta que lo usen. Por
lo tanto, ¡utilízalo y mantenlo fuerte!

Glosario

axón—la parte de una neurona que envía mensajes

cerebelo—la parte del cerebro encargada de que todas las partes del cuerpo funcionen juntas

cerebro anterior—la parte del cerebro que controla la temperatura corporal, las emociones, la información obtenida a través de los sentidos, los recuerdos y los pensamientos

cráneo—los huesos de la cabeza que protegen el cerebro

cuerpo celular—el área de una célula que tiene un núcleo y citoplasma

médula espinal—la columna en la espalda que conecta el cerebro con el resto del cuerpo

nervios—los pequeños sensores en el cuerpo que envían y reciben mensajes

neuronas—las células que conducen impulsos

sistema nervioso—el sistema formado por el cerebro, la médula espinal y los nervios, que permite al cuerpo pensar, sentir y hacer cosas

terminal nerviosa—el lugar donde terminan los nervios

tronco encefálico—la parte del cerebro encargada de las actividades automáticas, el movimiento, la digestión y la eliminación de desechos